WERNER HECHT
DER ABSTIEG IN DEN WOHLSTAND

WIENER VORLESUNGEN IM RATHAUS

Band 8
Herausgegeben von der Kulturabteilung der Stadt Wien
Redaktion Hubert Christian Ehalt

Vortrag im Wiener Rathaus
am 3. Oktober 1990 [1]

WERNER HECHT

DER ABSTIEG IN DEN WOHLSTAND

Harakiri der DDR?

PICUS VERLAG WIEN

Graphische Gestaltung: Dorothea Löcker, Wien
Satz: Tau-Type, Bad Sauerbrunn
Druck und Verarbeitung: Druckhaus Nonntal, Salzburg
Printed in Austria
ISBN 3-85452-307-6

Die im Frühjahr 1987 gegründeten Wiener Vorlesungen haben sich zu einem internationalen Forum für bedeutende Persönlichkeiten aus den Bereichen Wissenschaft, Kunst und Politik entwickelt. Die Vorlesungen haben das Wiener Rathaus für eine engagierte Diskussion über die Alltagsfragen der kommunalpolitischen Willensbildung hinaus geöffnet.

Es ist meine Auffassung, daß Wissenschaft und ihre Vermittlung an eine größere Öffentlichkeit eine untrennbare Einheit bilden sollten. Bei den Wiener Vorlesungen ist dies immer wieder ausgezeichnet gelungen.

Das Reizvolle an den Vorlesungen, die mittlerweile zu einem intellektuellen Jour fixe im Rathaus geworden sind, besteht für mich vor allem darin, visionäre Persönlichkeiten zu gewinnen, die über die manchmal sehr engen Grenzen der einzelnen Disziplinen hinauszusehen vermögen. Es ist immer wieder gelungen, »Querdenker« im Rathaus zu Wort kommen zu lassen, die Anstöße dazu geben, vertraute Probleme in einem neuen Licht zu sehen, Anstöße, damit – was in vielen Bereichen sehr notwendig ist – das Denken die Richtung wechseln kann. Denn die kritische Analyse der Verhältnisse in emanzipatorischer und aufklärerischer Absicht ist für mich immer eine wichtige Aufgabe der Wissenschaft gewesen. In diesem Sinne freue ich mich über die Publikation der Wiener Vorlesungen, die die Impulse der Vorträge und Diskussionen in eine größere Öffentlichkeit trägt und dem gesprochenen Wort die Dauer der geschriebenen Worte verleiht.

URSULA PASTERK
STADTRÄTIN FÜR KULTUR

1. DER VERPASSTE AUSTAUSCH

Es gibt viele österreichische Spezialitäten, wie Sie besser wissen als ich. Eine der für mich erstaunlichsten wird mit einem Wort benannt, das mir unübersetzbar erscheint, am wenigsten ins Deutsche; es ist der »Schmäh«. Offensichtlich verwandt mit »schmähen«, »schmählich«, »Schmähung«. Der in Mannheim, Wien und Zürich erschienene *Duden* kommentiert den »Schmäh« so: umgangssprachlich werde das Wort in Österreich für »Trick« verwendet, »einen Schmäh führen« hieße: Witze machen. Ich habe indessen einen völlig anderen Gebrauch des Wortes bemerkt, so oft ich in Wien sein durfte. Zuletzt bei Frederic Morton vor vierzehn Tagen an der gleichen Stelle [2]. Dieser in Wien geborene Amerikaner verfügt offensichtlich, trotz jahrzehntelangem Aufenthalt im Ausland, noch ganz ungebrochen über den Schmäh: Seine Vorstellungen der Vaterstadt als Provinz und die Eloge der Provinzialität als Quelle und wahrer Keim ihrer Kreativität war schließlich von ihm nicht nur ganz ernsthaft vorgetragen, sondern auch ernsthaft gemeint.

Thomas Bernhards »Heldenplatz« habe ich noch ohne Schwierigkeiten lesen können. Als ich aber vor zwei Jahren bei der Aufführung des Stückes im Burgtheater die Zuschauer ausgerechnet bei den heftigsten Nestbeschmutzungen nicht nur lachen, sondern auch heftig klatschen hörte, fuhr mir, dem Fremden, ein Schauder den Rücken herunter: Was für eine Toleranz, dachte ich, was für eine Toleranz!

Schier unbegreiflich für mich, der aus einem Staat kam, in dem genau das Gegenteil praktiziert wurde: die verordnete Sanktionierung, die übertriebene, ja völlig abnorme Hochschätzung des Staates, der heiligen Kuh.

Wäre es nicht das beste Geschäft, dachte ich damals im Burgtheater, für unsere beiden Staaten, jeder gäbe etwas ab: die DDR etwas Hochachtung an Österreich und Österreich etwas Schmäh an die DDR.

Indessen, das Tauschgeschäft ist nicht mehr möglich. Mit dem heutigen Tage gehört die Deutsche Demokratische Republik nur mehr der Geschichte an, ein Kapitel vielleicht in den Schullesebüchern, nicht einmal ein rühmliches.

Wie kam es zum Ende dieses Staates, über den Erich Honecker einst mit tremolierender Stimme sagte: »Unsere DDR ist ein sauberer Staat. In ihr gibt es unverrückbare Maßstäbe für Ethik und Moral, für Anstand und gute Sitte.«[3]

Der Druck, der im Herbst 1989 nachhaltig auf die Herrschenden wirkte, war eine Abstimmung der Bevölkerung gegen die Regierung – mit den Füßen. Zehntausende verließen das Land, ein Exodus nie gekannten Ausmaßes begann. Dadurch geriet der »flächendeckende« Sicherheitsapparat des uns alle liebenden Herrn Mielke[4] in arge Probleme. Demonstrationen in vielen Städten, ebenfalls von nie gekanntem Ausmaß und Umfang, erfuhren die zähneknirschende Duldung des Über-Macht-Apparats.

Die Demonstration, zu der die Berliner Künstler, auf Initiative der Berliner Schauspieler, am 4. November 1989 aufgerufen hatten, wurde mit einer halben Million Teilnehmern zur größten Kundgebung in der Geschichte der DDR. Ich möchte Ihnen – zum Kontrast – hin und wieder einige Originalausschnitte dieser Demonstration zur Kenntnis geben, die Ihnen Wünsche, Sorgen und Forderungen jener Leute nahebringen, die damals die friedliche Revolution gemacht haben.[5]

TONBAND MARION VAN DE KAMP UND ULRICH MÜHE[6]:
Liebe Freunde, Mitdenker und Hierbleiber! Wir, die Mitarbeiter der Berliner Theater, heißen Sie herzlich willkommen. Die Straße ist die Tribüne des Volkes überall dort, wo es von anderen Tribünen ausgeschlossen wird. […] Außerdem schlagen wir eine Verfassungsänderung vor: Artikel 1, Kapitel 1: Wir meinen, der Führungsanspruch einer Partei darf nicht durch Gesetz verordnet werden. Jeder Führungsanspruch muß erarbeitet werden. Auch die Parteien unterliegen dem Leistungsprinzip.

2. DER VERTRAG

Dort, wo ich wohne, haben heute die Kinder schulfrei und die Glocken läuten. Der Bundeskanzler, der nun auch mein Bundeskanzler ist, meint, dieser Tag liefere wohl berechtigten Anlaß zum Weinen. Zwei Staaten, im Ergebnis des Zweiten Weltkriegs durch die Sieger getrennt (divide et impera), finden sich zusammen: rührender Anblick, Bruder und Bruder, durch fremde Mächte entzweit, liegen sich in den Armen, Freude, schöner Götterfunken, die gemeinsame Tradition ist ja so reich und unvergessen. Elysium ist nach Deutschland verlegt. So scheint es.

Indessen, 40 Jahre Trennung, 40 Jahre hochgepäppelte Feindschaft, 40 Jahre erbitterte Versuche, die ungleiche Partie zu gewinnen, 29 Jahre Abschottung durch Mauer, Stacheldraht und Minenfeld – das kann in der Tat wohl kaum spontane Freudentränen auslösen. Die beiden Brüder müssen sich sozusagen erst einmal die Messer aus den Händen reißen. Und, mein Gott, was für ungleiche Geschwister! Wie man auch immer zu Marx stehen mag, zumindest scheint etwas daran zu sein, daß Verhalten von Verhältnissen determiniert wird. Da lebt nun der eine in Wohlstand und hat sich seine Stellung in der Welt erworben. Und der andere verkümmert mit Mängeln aller Art in einem Verbund von Mangelgesellschaften, die sich zu allem Hohn »sozialistisch« nennen. Die Grenze fällt, der glimmernde Reichtum wird sichtbar und erfahrbar. Auch kaufbar. Aber das Geld fehlt. Das überreiche Angebot erscheint wie eine Fata Morgana.

Und so erkannte der arme seinen reichen Bruder und fragte nach dem Erbanteil.

Das ist doch verständlich für jedermann: Jetzt endlich ist das Ende des Mangels da. Wir können über Grenzen ohne Kontrollen. Wir können ansehen, was es wirklich gibt, in den Geschäften, in den Büchern, in den Köpfen. Jenseits des Windschattens dieser unheilvollen Mauer. Was liegt näher, meint der arme zum reichen Bruder, als zusammenzurücken? Und der Reiche kalkuliert die Folgen und denkt: warum nicht?

Der Vertrag, der heute in Kraft tritt, ist ein Kontrakt zwischen zwei Regierungen, der gewählten Regierung der DDR und der gewählten Regierung der Bundesrepublik. Der Vertrag geht darauf hinaus, daß es ab morgen eine Regierung der DDR nicht mehr gibt. Ein Vertrag also zwischen einem Überlebenden und einem zu Liquidierenden. Also ein Nicht-Vertrag.

Oder anders gesagt ein Vertrag, bei dem es, sollte er nicht eingehalten werden, keinen Kläger geben wird.

TONBAND JENS REICH:
Es ist wichtig, daß die da oben die Verfassungsartikel kennenlernen und auch einhalten. Noch wichtiger aber, daß wir alle uns aber die Freiheit nehmen, die uns zusteht. Freiheit, so hat man uns in der Schule erzählt, sei Einsicht in die Notwendigkeit. Ist da nicht zuviel Sklavengeist dabei? Da gefällt mir ein anderes Wort viel besser; und es gehört deshalb hierher: Freiheit ist immer auch die Freiheit der Andersdenkenden.

3. DIE BEFREIUNG

Die Befreiung kam schleichend.

Der Staatssicherheitsdienst zog sich zurück, war aber noch da – plante er einen Gegenschlag? Die Regierung bildete sich um: vom Volk nicht gewählte Volksvertreter bestimmten ihrerseits andere, ebenfalls nicht vom Volke gewählte Volksvertreter. Doch die Töne waren schon anders. Die hermetische Abgeschlossenheit des Politbüros der SED war durchlöchert: man entdeckte Leute mit Meinungen.

Neue demokratische Parteien wurden zugelassen. Ohne jedwedes Startkapital machten sie sich, nicht selten unter unerträglichen Bedingungen, auf einen dornenreichen Weg ins Dickicht des Parteienkampfes. Die sogenannten »Blockparteien« lösten sich voneinander. Die »bürgerlichen « Parteien, jahrzehntelang in festem Zugriff der SED, entdeckten eigene Ziele, die ihnen von ihren westlichen Schwesterparteien souffliert wurden. Die entschiedenen Versuche einiger Spitzenfunktionäre der ehemaligen Blockparteien, den in harter Arbeit gekrümmten Rücken wieder gerade zu bekommen, führten zu einigen unangenehmen Knochenbrüchen.

Die Befreiung von Schweigepflichten deckte Details der morbiden sozialistischen Gesellschaft »in den Farben der DDR« in skandalöser Weise auf: die da öffentlich (sozialistisches) Wasser gepredigt hatten, schlürften natürlich insgeheim ohne jede Hemmung (kapitalistischen) Wein. Die Volksführer hatten in Wandlitz ihren verborgenen Westshop. Der Mangel war nur dem Volk vorbehalten geblieben.

Die Befreiung von dieser Partei mit der führenden Rolle konnte nur die Befreiung von diesem Staate sein. Die SED – das war eben der Staat. Was da entstand, war ausschließlich mit Hilfe von Partei und Staat möglich. Die Prinzipalfunktion wirkte sich verheerend aus: So konnte sich die Partei prinzipiell alle Meriten einheimsen, weil sie sich, gewissermaßen mit der Hand an der Staatskasse, praktisch in alles, aber auch alles einmischte. Der Besitz der Partei ist unermeßlich. Beispielsweise erfuhren die erstaunten Verlagsleiter und Autoren so harmlos klingender Verlage wie Henschelverlag, Aufbau-Verlag oder Verlag Volk und Welt, daß sie durchweg der SED gehörten, die sie sich freilich durch staatliche Maßnahmen der Frühzeit widerrechtlich angeeignet hat. Die Entflechtung von Parteivermögen und Staatsvermögen ist derzeit noch lange nicht abgeschlossen.

Nahezu alle Zeitungen, die in der DDR erschienen sind, gehörten der Partei, auch wenn sie sich unabhängig nannten. Diese Zeitungen befreiten sich von der Presseaufsicht durch die Abteilung Agitation und Propaganda des ZK und brachten nun auch andere als Parteimeinungen in den Zeitungen unter. Sie befreiten sich aber durchaus noch nicht alle von ihren Leitern in den Chefredaktionen, die jahrelang, ja jahrzehntelang den stalinistischen Kurs nicht nur gefahren waren, sondern ihn auch lauthals vertreten hatten. Auch diese, hört man, wollen zu neuen Ufern. Können sie es?

Mohrenwäsche ist allemal schmutzige Wäsche.

Der klassische Fall einer Diktatur geht mit Gewalt vor sich: die Schuldigen werden gehängt oder haben sich zu verantworten. Die Befreiung auf friedlichem Wege ist etwas Neues: Was machen wir mit denen, von denen wir uns befreit haben und die frei unter uns herumlaufen?

TONBAND GÜNTER SCHABOWSKI:
Liebe Berlinerinnen und Berliner, billigen wir einander die Kultur des Dialogs zu. Was bewegt einen Kommunisten in dieser Stunde, in Angesicht und Blickfeld von Hunderttau-

senden? Bitteres ist hier gesagt worden: es geht an unsere, auch an meine Adresse. Nur wer die Mahnung hört und versteht, ist fähig zu neuem Anfang. Wir alle wollen eine DDR, von der jeder sagen kann: das ist unser Land. Aus Prag erreichen uns indes wieder bedrückende Nachrichten und Bilder. Viel Mühe wird es kosten, vertanes Vertrauen zurückzugewinnen.

4. DER DURCHBRUCH

Die Öffnung der Mauer am 9. November, also fünf Tage nach der Berliner Großdemonstration, war ein Versehen. Herr Schabowski gab eine Pressekonferenz, die im Fernsehen übertragen wurde. Auf die Frage eines Journalisten nach der Maueröffnung wich der offensichtlich völlig überarbeitete Parteifunktionär zunächst aus, fragte, ob das Papier nicht längst in den Händen der Journalisten sei. Dann zitierte er aus einem Papier – fast abwesend – den Beschluß der Grenzöffnung, ohne zu vermerken, daß der Termin dafür noch nicht feststand. Auf diese Mitteilung hin begaben sich Zehntausende an die Grenze und setzten, sich auf Schabowski berufend, bei den völlig überraschten (und inzwischen auch demoralisierten) Grenzsoldaten den Grenzübertritt durch, und zwar von beiden Seiten.

Es kam zur denkwürdigen Nacht des 9. auf den 10. November. Die Exekutive stürmte der Legislative voraus: in der Eile und Aufregung hatte die Polizei vergessen, für die Visaerteilung Gebühren einzufordern, weil eine entsprechende Verordnung noch nicht ausgefertigt war; und dann, nach ihrer Ausfertigung, konnte sie, infolge der massenhaften kostenfreien Abwicklung, auch nicht mehr erhoben werden.

Der Durchbruch kam also zwar gewünscht und erhofft, aber vom Zeitpunkt her völlig überraschend. Hier hatte die Befreiung ihren kurzen echten Höhepunkt: die Umarmungen der Westberliner und der Westdeutschen waren wirklich herzlich. Die Freude der Ostberliner, die da durchbrachen, war in voller Bedeutung des Wortes grenzenlos.

Eine Schranke bildeten die zwei verschiedenen Währungen. Während der Westberliner damals in seinem Gebiet für 50 Pfennige nur ein Brötchen kaufen konnte, erhielt er für das Wertäquivalent (bei dem Tauschkurs von 1:5) 2,50 Mark im Ostteil der Stadt 50 Brötchen. Der Tausch von Ostgeld gegen DM war praktisch unrealistisch.

Der Bund und die Länder entschieden sich für ein »Begrüßungsgeld«, das von Westberliner und westdeutschen Banken und Sparkassen ausgegeben wurde. Die auch im Westen offensichtlich nicht exakt kontrollierte Aktion ermöglichte pfiffigen DDR-Bürgern den Mehrfachbezug auf einen Paß, insbesondere weil Kinder immer bei beiden Ehepartnern eingetragen waren. Als die Geldinstitute die Ämter darauf aufmerksam machten, daß ihre Bilanzen längst die Bevölkerungszahl der DDR überschritten hatten, gaben die Verantwortlichen eine beruhigende Auskunft: Zu 90% werde das Geld sowieso im Westen ausgegeben, an den Handel, und flösse in Form der Mehrwertsteuer wieder in den Fonds, aus dem es genommen worden sei. Eine kleine Subventionsspritze für den Handel also! Tatsächlich wurde das Begrüßungsgeld nur in seltenen Fällen über die

Grenze gebracht, dafür kamen massenhaft Radiorecorder, Videorecorder, Talkmen, Walkmen, Keybords, CD-Player, Spielcomputer (so nach den Statistiken die meistgekauften Waren der ersten Phase) ins Land.

Indessen wurden nach dem Durchbruch die lieben Schwestern und Brüder aus dem Osten allmählich lästig. Sie versperrten die Geschäfte und Straßen, sie behinderten den Verkehr, sie blockierten Parkplätze, sie verschmutzten die Luft, überhaupt die geheiligte Umwelt.

Das war die Zeit der Verwandlung der eben noch herzlich empfangenen Gäste in mehr oder weniger lästige »Ossis« oder »Zonis«.

In einigen Fällen löste der Durchbruch auch private Katastrophen aus. Westberliner Liebhaber, die sich in Ostberlin billige Verhältnisse leisteten, stellten sich, nunmehr im Westen besuchbar, als brave Familienoberhäupter heraus. In der DDR wohnende Mitglieder personenreicher Sippen wurden von ihren westdeutschen Verwandten in Acht und Bann geschlagen, weil sie ja nun jederzeit und auch alle kommen konnten. Die Ruhe war hin, der Geldbeutel leer.

TONBAND STEFAN HEYM:
Mitbürger, es ist, als habe einer die Fenster aufgestoßen, nach all den Jahren der Stagnation, der geistigen, wirtschaftlichen und politischen, den Jahren von Dumpfheit und Mief, von Phrasengewäsch und bürokratischer Willkür, von amtlicher Blindheit und Taubheit. Welche Wandlung! Vor noch nicht vier Wochen, die schön gezimmerte Tribüne, hier um die Ecke, mit dem Vorbeimarsch, dem bestellten, vor den Erhabenen! Und heute ihr, die ihr euch aus eigenem freien Willen versammelt habt, für Freiheit und Demokratie und für einen Sozialismus, der des Namens wert ist. In der Zeit, die hoffentlich jetzt zu Ende ist, wie oft kamen da die Menschen zu mir mit ihren Klagen: dem war Unrecht geschehen, und der war unterdrückt und geschurigelt worden. Und allesamt waren sie frustriert. Und ich sagte: So tut doch etwas! Und sie sagten resigniert: Wir können doch nichts tun. Und das ging so in dieser Republik, bis es nicht mehr ging. Bis sich soviel Unbilligkeit angehäuft hatte im Staate und soviel Unmut im Leben der Menschen,

daß ein Teil von ihnen weglief. Die anderen aber, die Mehrzahl erklärte, und zwar auf der Straße, öffentlich: Schluß! Ändern! Wir sind das Volk!

5. DER KOPFSPRUNG

Der alte Staat hatte es einfach eingerichtet: Es gab Vor-Denker in allen Bereichen. Der Bürger brauchte seinen Kopf nicht zu bemühen. Eigne Gedanken über bereits oben durchdachte Fragen und Probleme zu entwickleln, brachte die Gefahr mit sich, daß womöglich keine Kongruenz mit dem Vor-Denker zustande kommt. Eigne Gedanken waren durchaus anrüchig, sozusagen von vornherein. Der Schriftsteller Erich Loest, der 1981 aus der DDR weggegangen war, ordnet gerade seine Stasi-Akten und findet in einer bemerkenswerten Kontinuität seine eigenen Gedanken minutiös festgehalten. Loest über seine Überwacher: »Die Stasi war mein Eckermann.«[7]

Aber auch die Betriebsleiter, die Zeitungsredakteure, die Schuldirektoren, sie alle bekamen ihre Denkmodelle in »Anleitungen« geliefert. Nicht einmal die Lektoren der Verlage oder die Redakteure des Fernsehens brauchten sich in den Aufwand eigner Gedanken zu stürzen. Wenn sie es taten, hatte es wenig Sinn, weil die Vor-Denker im »großen Haus«, wie das Gebäude des damaligen ZK in devoter Anerkennung genannt wurde, sowieso die Macht hatten, ihre Meinung durchzusetzen, und zwar uneingeschränkt.

Die Meinungsbildung wurde schon in der Schule gelenkt. Ein einigermaßen gewitzter Schüler bemerkte schnell, daß nur gewünschte Meinungen zu guten Noten führten; diese waren freilich wiederum für das Fortkommen, für die Karriere, notwendig. Also lernten sie die gewünschten Meinungen und entledigten sich ihrer bei Bedarf. Offensichtlich galt es in der Schulbehörde als absolutes Tabu, darüber zu reden, daß jeder Schüler auch noch seine eigene Meinung hatte, gewissermaßen gleichberechtigt neben der Schulmeinung. Vielleicht war er nicht gerade das Erziehungsziel, aber auf jeden Fall war er das Erziehungs*ergebnis:* der Januskopf.

Dieser Januskopf erwies sich als verwendbar in allen Schichten der Bevölkerung. Bei jeder Gelegenheit: in Gewerkschaftsversammlungen, im Umgang mit Vorgesetzten, mit Untergebenen, sogar im privaten Leben: zwei Köpfe erwiesen sich für diese Form des Pseudo-Sozialismus als das am besten geeignete intellektuelle Instrument zum Leben und zum Überleben.

Ein gut gebildeter Januskopf bot nach der Wende sogar die besten Chancen für einen neuen Anfang. Hatte man wohl immer das eine Gesicht gezeigt, so gab es doch, merkt auf, seit jeher schon das andere. Man braucht den Kopf nur schnell genug in die richtige Richtung wenden. Der im Volksmund »Wendehals« genannte bewegliche Januskopf gehört interessanterweise zu den am häufigsten vorkommenden Erscheinungen in der letzten Phase der DDR. Wendehälse sind solche Intellektuelle, die – wie schon zuvor – mit ihren Meinungen handeln, jetzt nicht einmal mehr meistbietend, sie sind schon froh, wenn ihnen überhaupt noch etwas abgenommen wird.

Die Attacken gegen Schriftsteller wie Christa Wolf, Stephan Hermlin, auch Stefan Heym, sind für die Leser der früheren DDR schwer verständlich: Als diese genannten Schriftsteller noch jenseits der Mauer schrieben, haben sie ja nicht selten wider den Stachel gelöckt, wurden von den Vordenkern gerügt oder gar verboten. Verbote verbesserten allemal ihr Renommee im Westen. Verlage rissen sich um sie und verkauften eben die Bücher, gegen die sich jetzt die Attacken richten. Eine Selbstkritik oder Selbstbezichtigung macht noch keinen Wendehals.

Ist der Mut, den diese Schriftsteller in vielen Fällen bewiesen haben, keinen Heller mehr wert? Oder ist es nur der sich andeutende Konkurrenzkampf, der die neuen Ankömmlinge auf dem gemeinsamen Buchmarkt disqualifiziert, ehe noch Ergebnisse gemessen werden können?

TONBAND FRIEDRICH SCHORLEMMER: Der Dialog muß zum Normalfall des Umgangs mit Volk und Regierung werden. Er darf nicht Notmaßnahme im Krisenfall sein. Wer gestern noch die scharfe Kralle der Macht zeigte und heute das weiche Pfötchen des Dialogs hinhält, darf sich nicht wundern, daß viele noch die Kralle darunter fürchten. Wer gestern noch die chinesische Lösung für richtig hielt, muß heute, und zwar verbindlich erklären, daß dies für die DDR nicht zur Debatte steht. Sonst bleibt die Angst. Wir brauchen nun eine Struktur der Demokratie von unten nach oben. Die Regierung hat auf das Vok zu hören und nicht das Volk auf die Regierung. Wir lassen uns nicht mehr bevormunden. Schließlich: eine Atmosphäre des Vertrauens in unserem Lande entwickelt sich erst, wenn das größte innenpolitische Sicherheitsrisiko, die Staatssicherheit, radikal abgebaut und vom Volk kontrolliert wird. 40 Jahre haben wir das erduldet, jetzt wollen und können wir diesen riesigen Angstapparat weder weitertolerieren noch bezahlen.

6. DER KEHRICHT

Anfang Dezember 1989 machte die SED ernsthafte Versuche, sich zu einer neuen Partei demokratisch zu formieren. Die Forderung zahlreicher ihrer Noch-Mitglieder, die SED aufzulösen, wurde nicht erfüllt. Die gleiche Partei existierte weiter und gab sich lediglich den anderen Namen PDS (Partei des demokratischen Sozialismus). Am Ende dieses verhängnisvollen Parteitags übergab eine Frau dem neuen Vorsitzenden Gysi einen überdimensional breiten Besen. Mit ihm, meinte sie, solle aller Schmutz aus der Partei weggefegt werden.

Ich gehe nicht darauf ein, welche Schwierigkeiten es allein macht, in einer durch und durch stalinistischen Partei beispielsweise erfolgreich zu entstalinisieren; dazu bedürfte es wohl eher eines eisernen Rechens. Was aber bei dem Kehraus noch viel schwerer sein dürfte, ist die Bereinigung der nun einmal historisch gewachsenen Verflechtung dieser Partei mit dem Staatssicherheitsdienst. Spätestens seit der letzten Woche ist erwiesen, daß Akten dieses Ministeriums unter den Regierungen Krenz und Modrow – sagen wir es vornehm – abhanden gekommen sind. In der letzten Sitzung der Volkskammer vor fünf Tagen kam es zu tumultartigen Szenen, als von den Fraktionen der PDS, der CDU und der FDP verhindert wurde, daß die über 60 Abgeordneten des Parlaments, denen ein Untersuchungsausschuß informelle Mitarbeiterschaft beim Ministerium für Staatssicherheit nachgewiesen hat, öffentlich genannt wurden.

Der Kehricht wuchert in das Parlament hinein, das erstmals in der Geschichte der DDR aus freien Wahlen hervorgegangen ist. Es ist ein Circulus vitiosus. Die SED hat einst viel Geld für den Ausbau des flächendeckenden Sicherheitsapparats ausgegeben. Nun stellt sich heraus: da ist gut Buch geführt worden, über Freund und Feind. Jeder, der sich um ein öffentliches Amt bewirbt, muß mit der Preisgabe seiner heimlich protokollierten Vergangenheit rechnen. Schätzungen besagen, daß für insgesamt 6 Millionen Observierte Akten angelegt wurden, die, hintereinander aufgereiht, 184 km ausmachen.[8] Was da lagert, ist das Pulverfaß, auf dem die ehemalige DDR sitzt. Die preußische Bürokratie hat sich ein bemerkenswertes Denkmal gesetzt. Der gesamtdeutsche Wert der Belastungen ist ohne Beispiel – schließlich haben die Observationen nicht hinter der Grenze aufgehört.

TONBAND CHRISTA WOLF:
Ja, die Sprache springt aus dem Ämter- und Zeitungsdeutsch heraus, in die sie eingewickelt war, und erinnert sich ihrer Gefühlswerte. Eines davon ist: Traum. Also träumen wir mit hellwacher Vernunft: Stell dir vor, es ist Sozialismus und keiner geht weg. Wir sehen aber die Bilder der immer noch Weggehenden und fragen uns, was tun, und hören als Echo die Antwort: Was tun? Das fängt jetzt an, wenn aus den Forderungen Rechte, also Pflichten werden: Untersuchungskommissionen, Verfassungsgericht, Verwaltungsreform. Viel zu tun, und alles neben der Arbeit. Und dazu noch Zeitung lesen. Für Huldigungsvorbeizüge, verordnete Manifestationen werden wir keine Zeit mehr haben. Dies ist eine Demo, genehmigt, gewaltlos. Wenn sie so bleibt bis zum Schluß, wissen wir wieder mehr über das, was wir können. Und darauf bestehen wir dann. – Ein Vorschlag für den 1. Mai: Die Führung zieht am Volk vorbei.

7. DIE VERMARKTUNG

Die schöne Losung »Wir sind das Volk« gab es nur wenige Wochen auf den Demonstrationen im Oktober und November 1989. In der Tat haben da die Leipziger Demonstranten ein Signal gesetzt. In Leipzig entschied sich im Oktober 1989, daß die »chinesische Lösung« nicht angewandt wurde: der Druck der Straße war zu stark geworden. Jedoch änderte sich ausgerechnet in Leipzig die Zielrichtung: »Wir sind das Volk« wurde zu »Wir sind ein Volk« und schließlich »Wir sind ein einig Vaterland«. Ja, die Forderungen liefen sogar auf einen »Freistaat Sachsen« hinaus. Christoph Heins Vorschlag auf der Demonstration des 4. November, Leipzig den Titel »Heldenstadt« zuzuerkennen, erschien schon bald danach anachronistisch. Angesichts der immer mehr nach rechts radikaler werdenden Tendenzen änderte der Volksmund den vorgesehenen Titel um in »Maul–Heldenstadt«.

Dessen ungeachtet blieb die Grundrichtung klar. Die Übergangsregierung Modrow, die sich am 13. November bildete, strich gemäß den

Forderungen der Demonstranten den Führungsanspruch der SED aus der Verfassung und ermöglichte bei einem »rundenTisch « unter dem Patronat von Vertretern der evangelischen und katholischen Kirche die offene Aussprache und Mitentscheidung aller zugelassenen Parteien und Gruppierungen. Vor den Kameras des Fernsehens eine wirklich öffentliche Aussprache und eine erstaunliche Übung in Demokratie! Die Forderung nach einer deutschen Einheit schlägt sich in den Regierungsprogrammen sowohl in Ost wie in West nieder. Ende Januar 1990 wird in der DDR die Parlamentswahl auf den 18. März 1990 festgelegt. Nun treten westdeutsche Spitzenpolitiker aktiv in den Wahlkampf der DDR ein und sprechen in allen größeren Städten, von ihren ostdeutschen Parteifreunden nicht einmal assistiert, sondern lediglich begleitet. Helmut Kohl findet beispielsweise in Dresden weit mehr Zuspruch als je in einer westdeutschen Stadt zuvor. »Unser Helmut«, wie er liebevoll von Tausenden gerufen wird, verspricht die Einheit und die D-Mark, beides so schnell wie möglich. Als dann am 18. März die CDU, eine durch die

Kollaboration mit Ulbricht und Honecker schwer angeschlagene Partei, das Rennen macht und Wahlsieger wird, zahlt sich die bundesrepublikanische Schützenhilfe aus. Mit bundesdeutscher Hilfe wird nun der politische Zusammenschluß vorbereitet, indem auf dem Gebiet der DDR alles aufgelöst, abgewickelt, liquidiert wird, was es gibt. Es geht offensichtlich nicht um einen Kahlschlag, sondern um das Ausroden und Tiefpflügen, um die Vorbereitung des Bodens für eine importierte Neusaat bester Qualität, wie sich versteht. Ökonomische Grundlage dafür bildet die Währungsunion vom 1. Juli 1990.

Im Vorfeld dieser Union läuft die beabsichtigte Vermarktung auf vollen Touren: westdeutsche Konzerne bieten bereits im Frühjahr 1990 ihre Waren zu entsprechend angeglichenen »Einführungspreisen« an. Offensichtlich werden die potentiellen ostdeutschen Partner geprüft und ausgewählt je nach ihrer Willfährigkeit für kommende Zusammenarbeit. Nur wenige westdeutsche Unternehmen sind zu Kompromissen bereit, nämlich auf faire Bedingungen einzugehen, also etwa auf Buchangebote zum Verrechnungssatz von 1:1 vor der Währungsunion; der Verlust, argumentieren sie, sei ihre »Investition in die Zukunft«. Mögen es ihnen die jetzigen Käufer danken! Den meisten Unternehmen geht es indessen um die günstigste Vorbereitung der Stunde null, nämlich den 1. Juli 1990, 0.00 Uhr.

Diese Finanzwende war perfekt organisiert. Nicht nur, daß schon Tage zuvor bundesrepublikanische Panzerfahrzeuge unter starkem Polizeischutz mit Martinshörnern das neue Zeitalter einläuteten, das neue Geld mußte schließlich ohne Zwischenfälle rechtzeitig in den Banken und Sparkassen sein! Nein, Ost-Berlin war über Nacht, vielleicht besser gesagt: übers Wochenende bis zur Unerkennbarkeit verändert. Die Angebote in den großen Läden, Kaufhallen und Kaufhäusern war so vielfältig und schillernd wie jenseits der Grenzen, die es ja nicht mehr gab. Die Preise, nunmehr ohne Preisbindung (auch eine Befreiung: die vom Zwang eines Limits!), waren total verändert, ja sie änderten sich, bei starker Nachfrage nach einem Artikel, sogar innerhalb eines Tages. Übrigens natürlich auch dann, wenn der Preis für die gleiche Ware 200 Meter weiter im Westen niedriger blieb!

Für die DDR-Bürger gab es seit diesem Tage kein »Westgeld« mehr. Aber es gab auch nicht mehr die gewohnte Umgebung. Sie kannten sich sozusagen nicht mehr aus. So wie über Nacht alle Westwaren in Fülle verfüg- und kaufbar waren, gab es über Nacht keine DDR-Waren mehr. Voller Anerkennung, aber sprachlos, verwundert und jedenfalls völlig verwirrt gingen die Kunden durch die alten neuen Läden und fingen an, sich in neuen Sortimenten umzusehen, die sie nicht kannten. Das eigene Land, die Kaufhalle war zur Terra incognita geworden, sozusagen vor der Haustür.

Um ein profanes Beispiel anzuführen: in der DDR gab es ein bis zwei Geschirrspülmittel, die nun also weg waren vom Markt. In den Regalen befanden sich jetzt Hunderte von Säuberungsmitteln mit Namen, die keiner kannte. Verzweifelt standen die Hausfrauen und Hausherren vor den Waren und selektierten die Angebote nach ausführlicher Lektüre der Warencharakteristika. Die Situation war schon paradox: Keiner fand sich mehr zurecht. Es war wie ein Besuch in einem reichen exotischen Land, aber eben einem fremden. Und dieses Niemandsland war eingedrungen bis an den heimischen Herd. Es hat wohl selten eine innerlich so zwiegespaltene Kundschaft gegeben wie in den ersten Juliwochen dieses Jahres: prüfend und abwägend, enthusiasmiert und niedergeschlagen, zurückhaltend und doch entschlossen.

Die importierte Vermarktung brachte den Vergleich ins Haus. Die DDR-Produkte waren natürlich immer dann leicht absetzbar gewesen, wenn es keine Konkurrenz gab. Und in wievielen Fällen deckte die Produktion einer Ware nicht einmal den Bedarf! Mit dem Import leistungsstarker Konkurrenten begann die tödliche Erschütterung ganzer Industriezweige der DDR. Statt der eindringenden Konkurrenz Paroli zu bieten, etwa durch entsprechende Preisgestaltung, versanken viele Betriebe in Resignation, Unproduktivität, ja sogar Agonie. Es schien so, daß die Kaninchen darauf versessen waren, sich von der Schlange in Trance versetzen zu lassen, wartend auf den schmerzlosen tödlichen Biß.

Was für eine günstige Marktsituation für die produzierenden Brüder aus dem Westen! Schließlich handelte es sich offensichtlich nur um eine höchst friedliche Erweiterung des Absatzmarktes. Nach dem kleinen Geschäft mit dem Begrüßungsgeld steht nun das größere Geschäft bevor. Man hatte nur mehr zu produzieren und den Absatz zu organisieren. Von den auf hohem technischen Standard rationalisierten Produktionsbedingungen war im Westen ein Niveau erreicht, das den östlichen Produzenten nicht nur haushoch überlegen war, sondern das auch in kurzer Zeit nicht erreicht werden kann. Hier scheint von Anfang an ein fairer Wettbewerb gänzlich ausgeschlossen.

Nehmen wir als Beispiel die Verlage in der DDR. Im Januar 1990 half ich bei der Organisation eines ersten Treffens bedeutender Verleger der Bundesrepublik mit Kollegen aus der DDR. Das war also noch die erste Phase der Kontakte, die der herzlichen Händedrucke. In dieser Zeit war eine Art Joint-venture-Rausch ausgebrochen, fast jede Begegnung zwischen Handelspartnern aus Ost und West endete eben mit dem Abschluß eines Joint-venture-Vertrages.

Die westdeutschen Verleger sahen indessen schon damals klar: Es ging im Buchverkauf von vornherein um Probleme des gemeinsamen Marktes, der kommen wird. Den ostdeutschen Kollegen wurde empfohlen, sich darauf einzurichten, und es fehlte nicht an vielen gutgemeinten und durchaus kollegialen Ratschlägen. Bei einer nachfolgenden Tagung im Mai 1990, zum Zeitpunkt, als bereits eine Währungsunion beschlossen war, brachten die westdeutschen Verleger diffizile Berechnungen über die Rentabilität einzelner DDR-Verlage mit. Eine eventuelle Konkurrenzfähigkeit der großen Verlage aus der DDR war bereits rechnerisch analysiert. Es stellte sich heraus: Kein einziger DDR-Verlag stellte eine ernsthaft Gefahr auf dem Büchermarkt dar. Im Schnitt wurde mit weitaus größerem Finanzaufwand eine wesentlich geringere Anzahl von Büchern hergestellt, von deren Druck- und Verarbeitungsqualität ganz zu schweigen. Die einzige ernste Gefahr bildeten die wesentlich geringeren Endpreise für Bücher in der DDR. Aber auch das würde sich, meinte man, problemlos regeln lassen. Nach der Währungsunion müßten die DDR-Verlage, die dann um ihre nackte Existenz kämpfen, marktwirtschaftliche Kalkulationen zugrundelegen und damit also auch zu Preiserhöhungen kommen. Somit ohne jeglich ernsthafte Konkurrenz bot sich nun umso mehr die Markterweiterung an. Und sie geht nun schon lange routiniert vor sich (man hat da seine Erfahrungen): Seminare für Buchhändler, Einbindung der Buchhandlungen in bewährte Bezugs- und Liefersysteme usw. Das geschieht in der Regel ohne Beachtung der Besonderheiten dieses Landes. Immerhin war in der DDR 40 Jahre lang eine bestimmte Art von Literatur nicht nur nicht gedruckt und verbreitet, sondern sogar mit Erfolg völlig unterdrückt worden. Literaturentwicklungen in der Bundesrepublik, ja in Westeuropa sind bestenfalls einigen wenigen Experten bekannt. Autoren wie Martin Walser, Peter Handke, Thomas Bernhard, ganz zu schweigen etwa vom Hauptwerk Uwe Johnsons oder älterer Autoren wie Frank Thiess, Robert Walser, Franz Werfel oder gar die Arbeiten von Philosophen wie Jürgen Habermas oder Peter Sloterdijk, um wirklich nur einige wenige zu nennen, sind in der Tat völlig unbekannt. Diese

Terra incognita ist eine schlimme Einöde. Das aufgestoßene Fenster öffnet den Blick in Landschaften, die erst allmählich kennengelernt werden müssen. Der Nachholbedarf bezieht sich also nicht nur auf die materiellen Angebote, obwohl diese nach den Erfahrungen der ersten Monate nach der Währungsunion absolute Priorität besitzen.

TONBAND CHRISTOPH HEIN:
Der Erfolg hat bekanntlich viele Väter. Offenbar glauben sich viele in der DDR schon erfolgreich, denn es melden sich jetzt viele Väter dieses Erfolgs. Merkwürdige Väter! Bis hoch in die Spitze des Staates. Aber ich denke, unser Gedächtnis ist nicht so schlecht, daß wir nicht wüßten, wer damit begann, die übermächtigen Strukturen aufzubrechen, wer den Schlaf der Vernunft beendete. Es waren die Vernunft der Straße, die Demonstrationen des Volkes. Ohne diese Demonstrationen wäre die Regierung nicht verändert worden, könnte die Arbeit, die gerade erst beginnt, nicht erfolgen! Und da ist an erster Stelle Leipzig zu nennen. Ich meine, der Oberbürgermeister

unserer Stadt sollte im Namen der Bürger Berlins – da wir alle gerade mal hier zusammenstehen – dem Staatsrat und der Volkskammer vorschlagen, die Stadt Leipzig zur Heldenstadt der DDR zu ernennen.

8. DIE BESETZUNG

Die Entlassungen in der DDR sind in historisch einmaliger Weise allumfassend. Alle Ministerien sind ab heute aufgelöst. Alle Einrichtungen, die irgend einem Ministerium unterstellt waren, wurden abgenabelt, will heißen, sind in ihrer Existenz ebenfalls gefährdet.

Die für ein reichlich halbes Jahr gewählte Regierung der DDR war sozusagen von vornherein mit dem Auftrag ausgestattet, sich überflüssig zu machen: sie hatte »aufzulösen« und »abzuwickeln«. Hätte sie auch etwas retten können? Hat sie etwas retten wollen? Lohnte es sich, etwas zu retten?

Ist das, was von der SED-Führung einst stolz »Errungenschaften der DDR« genannt wurde, wirklich rettenswert?

Da ist gewiß an erster Stelle die »soziale Sicherheit« zu nennen, also das Recht nicht nur auf Arbeit, sondern auf deren Ausübung, also auf einen Arbeitsplatz.

Da gab es per Gesetz geregelte Maßnahmen für Frauen, die deren Emanzipation gewährleisteten, wie etwa die Regelung von Abtreibung, eine Freizügigkeit bei der kostenlosen Aushändigung von Antikonzeptionsmitteln, überhaupt günstige Bestimmungen für Frauen (die ja zum größten Teil berufstätig waren) bei der Familienplanung.

Auch Kultur und Kunst erfuhren geregelte Förderung sowohl durch einen staatlichen Kulturfonds (der gemäß dem Einigungsvertrag eine Zeitlang für Ostdeutschland erhalten bleiben soll) als auch durch Kulturanimationen: Betriebliche und gewerkschaftliche Mittel standen im Bedarfsfall für kulturelle Aktivitäten wie Theaterbesuche, Museumsbesuche, eigene künstlerische Betätigung in einem sogenannten »Kultur- und Sozialfonds« (im Schnitt 2% des Lohnfonds) zur Verfügung. Durch solche Maßnahmen wurden u.a. bestimmte Entwicklungen gefördert mit Ergebnissen:

* *Theater* konnten sich profilieren (Beispiele: Staatsoper Berlin, Komische Oper Berlin, Semperoper Dresden; Deutsches Theater Berlin, Berliner Ensemble usw.),

* *Kulturhäuser* konnten entstehen und sich entwickeln (Beispiele: Kulturhäuser in der Nähe der Großbetriebe mit Räumen für Theatergastspiele und für künstlerische Selbstbetätigung),

* *Literaturarchive* wurden geschaffen (Beispiele: Archive nahezu aller bedeutenden Schriftsteller des 20. Jahrhunderts, die in der DDR lebten bzw. hier ihren Nachlaß hinterlegt haben, in enormem Umfang unter der Verwaltung der Akademie der Künste),

* *Vokskunstschaffen* fand großzügige Unterstützung.

Gewiß, Kultur und Kunst sind dabei auch für staatserhaltende Agitation mißbraucht worden. Aber doch nicht ausschließlich. Tatsächlich geht mit dem heutigen Tag – und in der Folge mit dem 31. Dezember 1990 – erst einmal alles dies zugrunde.

Vom Standort des westlichen Bruders, der das ganze Geschäft zu finanzieren hat, ist ernsthaft auch ein gewisses Mißtrauen berechtigt: Sitzen da nicht immer noch in fast allen Kommandostellen der Wirtschaft und Kultur jene Parteifunktionäre oder jene mit dem Segen der Partei eingesetzten »Kader«, die die Misere der DDR mitverschuldet und nun also auch mitzuverantworten haben? Nach 1945 gab es in den Westzonen eine politische Durchleuchtung von NSDAP-Mitgliedern, die bestenfalls zu deren »Entnazifizierung« führen konnte. Steht uns eine »Entstalinisierung « bevor? Oder werden die früheren SED-Verantwortlichen ihren Makel bis ans Ende ihrer arbeitslosen Tage mit sich herumschleppen, das Honecker-Kreuz auf den Rücken von Zweimillionen?

Die Praxis ist brutaler: Mit der Zerstörung aller Strukturen, mit der Entlassung von Hunderttausenden – bald werden es Millionen sein – wird erst einmal ein Vakuum geschaffen. Ab Anfang Oktober 1990 stehen in Berlin bereits Hunderte von Verwaltungsgebäuden leer. Schon im August war beispielsweise beschlossen worden, alle Berliner Richter ohne Ansehen ihrer Person, ihrer Tätigkeit oder gar ihrer Fachkompetenz diskussionslos generell zu entlassen. Ab morgen sitzen in den vereinsamten Ostberliner Gerichtsgebäuden ausschließlich Richter aus Westberlin. Wem es noch nicht bewußt war, der wird spätestens nun bemerken, daß es sich um eine Besetzung handelt, um eine Okkupation großen Ausmaßes. Es sind Anfänge, die Terra incognita, die, wenn sie keine war, zur Öde gemacht worden ist, allmählich wieder aufzuforsten.

Die Liste der Beispiele könnte beliebig erweitert werden, denn gleichermaßen sind alle Werkdirektoren, alle Schuldirektoren und weitere Leiter längst entlassen worden. Die Stellen sind ausgeschrieben, die Entlassenen dürfen sich natürlich auch, wenn sie darin einen Sinn sehen, wieder bewerben, die Wahlen stehen bevor.

Kurios ist zum Beispiel folgender Umstand, der die Strategie der Lenkenden verrät: alle Mitarbeiter des Ministeriums für Auswärtige Angelegenheiten der DDR nebst die aller nachgeordneten Einrichtungen wie Botschaften, Konsulate, UNESCO-Vertretungen usw. wurden routinemäßig gekündigt. Aber gleichzeitig annonciert das Bonner Auswärtige Amt längere

Zeit in den wichtigsten Zeitungen der DDR Stellenangebote für künftige Mitarbeit, freilich mit der Bedingung, daß ein Höchstalter von 30 Jahren nicht überschritten sein dürfte. Natürlich waren die eben Entlassenen alle wesentlich älter!

Für die Landtagswahlen haben sich jetzt schon längst zahlreiche Politiker der Bundesrepublik als Kandidaten gestellt. In der Tat geht es offensichtlich nicht mehr um die Rettung von dem, was die DDR »eingebracht« hat, nicht einmal versuchsweise.

In Gesprächen mit Österreichern wird nicht selten mit Befremden registriert und natürlich auch kritisiert, daß Verantwortliche bei ihren Verhandlungen zu früh aufgeben. Aber die Umstände sind anders: Die Mehrheit der Bevölkerung der DDR hat sich für die Öffnung der Grenze, für die D-Mark und für die Vereinigung entschieden. Vielleicht oder in vielen Fällen gewiß, ohne alle Folgen einzukalkulieren. Was nun jetzt geschieht, das sind ausschließlich Konsequenzen dieser ihrer Entscheidung, ohne Frage mitunter schmerzlich für den einzelnen, aber möglicherweise mit neuen Perspektiven für die Zukunft.

TONBAND STEFFI SPIRA:
1933 ging ich allein in ein fremdes Land. Ich nahm nichts mit, aber im Kopf hatte ich einige Zeilen eines Gedichts von Bertolt Brecht, »Lob der Dialektik«:

> *So wie es ist, bleibt es nicht. [...]*
> *Wer lebt, sage nicht niemals! [...]*
> *Wer seine Lage erkannt hat, wie soll der aufzuhalten sein? [...]*
> *Und aus niemals wird: heute noch.*[9]

Ich wünsche für meine Urenkel, daß sie aufwachsen ohne Fahnenappell, ohne Staatsbürgerkunde, und daß keine Blauhemden mit Fackeln an den hohen Leuten vorübergehen. – Ich habe noch einen Vorschlag: Aus Wandlitz machen wir ein Altersheim! Die über Sechzig- und Fünfundsechzigjährigen können jetzt schon dort wohnen bleiben, wenn sie das tun, was ich jetzt tue: Abtreten!

9. SCHLUSS: DIE VEREINIGUNG

Die Vereinigung ist vollzogen. Die Brüder sitzen nun zusammen in einem Haus. Das Essen wird noch in zwei Küchen gekocht. Nachdem der Kleine aufgenommen ist, wird er sich erst mausern müssen. Er ist sozusagen international noch nicht vorzeigbar.

Die Vereinigung bringt gleichermaßen Verluste wie Gewinne.

Gewinne für die Bundesrepublik:

* Von heute ab gibt es eine dritte Großmacht. Aus der Partnerschaft mit den USA werden, wie das George Bush bereits richtig formuliert hat: »partners in leadership«. Der deutsche Bundeskanzler hat in der Tat, wie François Mitterand meint, »die Fäden in Europa in der Hand«[10]. Wird dieses große Deutschland nun wieder eine Gefahr für die zahlreichen kleinen Staaten in Europa? Krieg schließt sich wohl auf jeden Fall aus, aber Expansion ist auch ganz friedlich möglich, wie wir eben erleben.

* Durch die Vereinbarung mit den Siegermächten des Zweiten Weltkriegs wird nunmehr die deutsche Souveränität wieder hergestellt. Der verhängnisvolle Einschnitt zwischen zwei Weltblöcken lief mitten durch ein Land. Diese Grenze wird, solange sie noch eine echte Interessen- und Machtgrenze ist, weiter nach dem

Osten verschoben. Der Abzug der Roten Armee ist geschäftlich geregelt.

* Mit dem Zugewinn von 16 Millionen ehemaliger DDR-Bürger sind Wähler eingebracht, die – durch das klägliche Scheitern des sogenannten »realen Sozialismus« – auf längere Sicht die Ausbreitung des Sozialismus in Deutschland, was auch immer darunter verstanden wird, einschränken helfen. Auch das ist übrigens eine Bilanz der DDR-Geschichte.

* Der erheblich niedrigere Lebensstandard in Ostdeutschland, auch die zunächst niedrigeren Gehälter machen die östlichen Provinzen zu Billigländern, in denen es sich lohnt zu investieren. Thailand rückt in günstige Nähe. Freilich wird man dafür sorgen müssen, daß mehr verdient wird. Die ganze Vereinigung lohnt sich im Grunde nur, wenn sich die Ossis auch als Kunden lohnen.

Die Verluste für die Bundesrepublik:

* Die Vereinigung verursacht Kosten in vielfacher Milliardenhöhe.

* Womöglich ist die Bundesrepublik nach der Vereinigung gar nicht mehr die Bundesrepublik.

Für die ehemalige DDR soll nur ein Verlust genannt sein: der Verlust der eigenen Identität. Sozusagen die freiwillige Selbstaufgabe. Wenn wir unter Harakiri die beabsichtigte Selbstentleibung verstehen, die im Bewußtsein einer Schuld in ritualer Form vorgenommen wird, um durch die Liquidierung des Ego nunmehr im größeren Ganzen aufzugehen, dann hat die DDR in der Tat soeben ein Harakiri hinter sich gebracht.

Tag der Freude? Ja, die Familie sitzt jetzt sozusagen wieder zusammen. Nur der Freude? Nein, die Verwandten warten schon in der guten Stube auf die Beichte.

Tag der Trauer? Ja, es wird alles über Bord geworfen, was der Abtrünnige mitgebracht hat, auch die Schätze. Nur der Trauer? Nein, er hatte mehr Unrat bei sich als Schätze.

Und dennoch: Ich kann nicht recht froh sein, eher besinnlich an diesem historischen 3. Oktober 1990.

Durch den Exkurs in die japanische Lebensweisheit geraten, will ich zwei Dreizeiler aus der Haiku-Dichtung, die mich gerade heute anrühren, an das Ende stellen.

Herbststurm [11]

Oh, welch ein Sturm!
Die Hunde bellen
bei den Lauten der fallenden Blätter.

und

Der Weg des Lebens [12]

Ein kurzes Obdachsuchen-Gehen
vor einem Regenschauer.
Glaubt mir, nichts anderes ist leben.

ANMERKUNGEN

1 Thema und Zeitpunkt der Vorlesung waren geplant, ehe festgelegt war, daß der 3. Oktober zum Tag der Vereinigung der beiden Staaten werden wird.

2 Wiener Vorlesung von Frederic Morton am 19. September 1990.

3 11. Tagung des Politbüros der SED.

4 Erich Mielke baute den Staatssicherheitsdienst in der DDR auf und war dessen Chef. In seiner letzten Rede in der Volkskammer erklärte er :»Ich liebe euch doch alle.«

5 LITERA, Berlin, *Berlin Alexanderplatz* 4.11.90. Die drei Kassetten geben den originalen Verlauf der Demonstration wieder in der Reihenfolge: Marion van de Kamp und Ulrich Mühe (Berliner Schauspieler), Jan Josef Liefers (Schaupieler), Gregor Gysi (damals Rechtsanwalt, jetzt Vorsitzender der PDS), Marianne Birthler (Untersuchungsruppe gegen Polizeiausschreitungen am 7. Oktober, jetzt Bildungsministerin des Landes Brandenburg), Kurt Demmler (Liedermacher), Markus Wolf (ehemaliger Chef der Spionage im Ministerium für Staatssicherheit, Verfasser des Buches *Troika),* Jens Reich (Physiker, Sprecher der Bürgerrechtsbewegung *Neues Forum),* Manfred Gerlach (damaliger Vorsitzender der LDPD), Ekkehard Schall (Schauspieler), Günter Schabowski (damaliger Vorsitzender der Bezirksparteiorganisation Berlin der SED, Mitglied und auch Sprecher des Politbüros),

Stefan Heym (Schriftsteller), Friedrich Schorlemmer (Pfarrer, hier als Sprecher der Bürgerrechtsbewegung *Demokratie jetzt),* Christa Wolf (Schriftstellerin), Tobias Langhoff (Schauspieler), Annekathrin Bürger (Schauspielerin), Joachim Tschirner (Dokumentarfilmer), Klaus Baschleben (Journalist), Heiner Müller (Schriftsteller), Lothar Bisky (damals Rektor der Hochschule für Film und Fernsehen Potsdam- Babelsberg), Ronald Freitag (Student an der Humboldt-Universität Berlin), Christoph Hein (Schriftsteller), Robert Juharos (ungarischer Student), Konrad Elmer (Dozent), Henning Schaller (Bühnenbildner, hier als Versammlungsleiter), Steffi Spira (Schauspielerin).

6 Schauspieler von Berliner Bühnen, die im Auftrag des Organisationskomitees die Grundanliegen der Demonstration vortrugen.

7 Vgl. gleichnamigen Artikel in *Der Spiegel,* Hamburg, Nr. 38, 17. September 1990, S. 240 ff.

8 Angaben nach *Kurier,* Wien, 25. September 1990, S. 5

9 Steffi Spira zitiert die Verszeilen nicht in der Reihenfolge des Liedes aus dem Stück *Die Mutter.*

10 Zitiert in: *Der Spiegel,* Hamburg, Nr. 40, 1. Oktober 1990, S. 18.

11 Von der Dichterin Sono-Jo (18. Jh.). Aus: *Ihr gelben Chrysanthemen. Japanische Lebensweisheit* Haiku, Wien/Leipzig 1939, S. 67.

12 Von Yamazuki Sogi (15. Jh.). Aus: *Ihr gelben Chrysanthemen. Japanische Lebensweisheit* Haiku, Wien/Leipzig 1939, S. 55.

DER AUTOR

Werner Hecht, geboren 1926 in Leipzig; Schriftsteller, Regisseur, Theaterpublizist und Herausgeber, Direktor des Brecht-Zentrums der DDR; Dr.phil.h.c.

1946–54 Lehrer, 1954–58 Studium an der Karl-Marx-Universität Leipzig, 1958–59 Lektor am Verlag Volk und Wissen, von 1959–1974 am Berliner Ensemble, zunächst als Dramaturg und Regiemitarbeiter, 1970–1974 Leiter der Dramaturgie, 1975–1977 Beauftragter für UNESCO-Kulturstudien, seit 1977 Direktor des Brecht-Zentrums der DDR; Dozent an der Staatlichen Hochschule für Schauspielkunst »Ernst Busch« Berlin;

Inszenierungen am Berliner Ensemble: Der Messingkauf (1963, mit Manfred Karge und Matthias Langhoff), *Die Dreigroschenoper* (1970 mit Wolfgang Pintzka, nach Erich Engel) O'Casey, *Kikeriki* (1970 mit Hannes Vogt);

Filme: Filmszenarien (mit Christa Mühl): *Helene Weigel* (1973), *Feigenblatt für Kuhle Wampe* (1975), *Tod und Auferstehung des Wilhelm Hausmann* (nach der Erzählung »Der Arbeitsplatz« von Bertolt Brecht, 1977), *Die Rache des Kapitäns Mitchell* (nach der Erzählung »Safety First« von Bertolt Brecht, 1979), *Puppen für die Nacht* (Filmsatire 1980), *Abschiedslied für Linda* (Kriminalfilm 1987), *Die Bestie* (nach der gleichnamigen Erzählung von Bertolt Brecht, 1988);

Bücher: Brechts Weg zum epischen Theater (1962), *Aufsätze über Brecht* (1970), Bertolt Brecht, *Sein Leben in Bildern und Texten* (1978, neu: 1988), *Brecht, Viel-*

seitige Betrachtungen ([2]1984) u. a., zahlreiche Aufsätze; *Editionen:* Brecht, *Schriften zum Theater, Schriften zur Literatur und Kunst, Schriften zur Politik und Gesellschaft* (11 Bände, 1963–1968), *Texte für Filme* (2 Bände 1971), *Arbeitsjournal* (2 Bände 1972), *Gedichte über die Liebe* (1982), zahlreiche Materialienbände zu Stücken von Bertolt Brecht u. a.; *Schriftenreihe des Brecht-Zentrums der DDR* (6 Bände 1978–1988: Brecht 78, Internationaler Brecht-Dialog Kunst und Politik; Brecht 80, Brecht in Afrika, Asien und Lateinamerika; Brecht 81, Brecht in sozialistischen Ländern; Brecht 83, Brecht und Marxismus; Brecht 85, Zur Ästhetik Brechts; Brecht 88, Anregungen zum Dialog über die Vernunft am Jahrtausendende), Herausgeber des Informations- und Mitteilungsblattes *notate* (1978–1989 11 Jahrgänge der *Brecht-Studien* (1980–1988 19 Bände), Hauptherausgeber (mit Werner Mittenzwei, Jan Knopf und Klaus-Detlef Müller) der Großen kommentierten Berliner und Frankfurter Ausgabe der Werke Brechts in 30 Bänden (ab 1988), u. a.

Die Staaten des Donaubeckens sind zweifellos auf eine gemeinsame Wirtschaft angewiesen, ob sie wollen oder nicht. Die Entwicklung geht deutlich darauf hin, und in der einen oder anderen Form wird ein ökonomisches Zusammenwirken stattfinden müssen.

JOSEPH ALOIS SCHUMPETER,
Wien 1919

Diese Zeilen widmet Ihnen die
Zentralsparkasse und Kommerzialbank AG · Wien

Wir versichern Schwarz . . . und Weiß

W I E N E R   V O R L E S U N G E N

Hilmar Hoffmann

DIE AKTUALITÄT VON KULTUR
– PROBLEME MIT DEM KULTURBOOM

Hilmar Hoffmann, viele Jahre Dezernent für Kultur und Freizeit in Frankfurt, hat Kulturpolitik und Kulturarbeit in der BRD ebenso nachhaltig beeinflußt wie die theoretische Diskussion über den Kulturbegriff, über Aufgaben und Bedeutung emanzipatorischer Kulturarbeit. Seine Bücher »Kultur für alle« und »Kultur für morgen« gehören zum grundlegenden Gedankengut avantgardistischer Kulturarbeit. Hoffmann hat sich immer dafür eingesetzt, daß der Kulturbegriff aus seinen elitären Verankerungen gelöst wird.
In seinem vorliegenden Text setzt sich Hoffmann mit der gegenwärtigen Aktualität von Kultur – als Produktivität und Wirtschaftsfaktor ebenso wie als immer mehr Menschen zugängliches kreatives Potential – auseinander. Er sieht die Kultur als Basis jener ethischen Grundlagen, auf denen sich die Utopie einer humanen Zukunft entwerfen ließe.

Wiener Vorlesungen, Band 3
54 Seiten, 12 × 18 cm,
vierfarbiger Hartband
ISBN 3-85452-302-5

P I C U S   V E R L A G

W I E N E R V O R L E S U N G E N

Edward Shorter

DAS ARZT-PATIENT-VERHÄLTNIS IN DER GESCHICHTE UND HEUTE

Mit einem Vorwort von Hubert Christian Ehalt

Der kanadische Publizist und Historiker Edward Shorter analysiert anhand einer Reihe historischer Fallstudien die Geschichte des Arzt-Patient-Verhältnisses. Die farbige Darstellung erhellt im Sinne einer umfassenden Kultur- und Sozialgeschichte viele Aspekte der Geschichte des Körpers, der Rollen des Arztes und des Patienten und der Geschichte der Medizin. Edward Shorter unterscheidet die traditionelle, die moderne und die postmoderne Medizin und beschreibt deren historische Entwicklung, in der die Therapiemöglichkeiten sich in ungeahntem Ausmaß verbessert haben, zugleich aber auch die Vertrauensbeziehungen zwischen dem Arzt und dem Patienten verlorengegangen sind.

Wiener Vorlesungen, Band 10
64 Seiten, 12 x 18 cm
vierfarbiger Hartband
ISBN 3-85452-309-2

P I C U S V E R L A G

W I E N E R   V O R L E S U N G E N

Rudolf zur Lippe

OIDIPUS UND DIE VERWEIGERTE SEELENFAHRT

Der Mythos vom Ende des mythischen Zeitalters

Zentrale Themen im Werk des Philosophen Rudolf zur Lippe sind die Naturbeherrschung am Menschen, das Verhältnis von Logos und Sinnlichkeit, von Verstand auf der einen Seite und den in einem langen Zivilisationsprozeß verschütteten Sinnen auf der anderen. So verwundert es nicht, daß der Oidipus, den er vorstellt, diesmal nicht für dasselbe Bild steht wie bei Freud. Bei Lippe steht Oidipus vor allem am Wendepunkt der europäischen Geschichte, hin zu dem, was wir westliches Denken nennen: Denn Oidipus, von der Sphinx mit dem bis dahin unlösbaren Rätsel konfrontiert, meistert die Aufgabe durch eine rein intellektuelle Leistung und sichert sich so die Macht über Theben. Oidipus markiert solcherart für Lippe das Ende des mythischen Zeitalters.

Wiener Vorlesungen, Band 2
64 Seiten, 12 × 18 cm,
vierfarbiger Hartband
ISBN 3-85452-301-7

P I C U S   V E R L A G

WIENER VORLESUNGEN

Band 1: Wolfgang Leonhard, Sowjetreformen: Ergebnisse, Probleme, Perspektiven

Band 2: Rudolf zur Lippe, Oidipus und die verweigerte Seelenfahrt. Der Mythos vom Ende des mythischen Zeitalters

Band 3: Hilmar Hoffmann, Die Aktualität von Kultur – Probleme mit dem Kulturboom

Band 4: Horst Seidler, Wissen und Ignoranz – Das Dilemma der Evolution zum Homo sapiens

Band 5: Maurice Godelier, Wird der Westen das universelle Modell der Menschheit? Die vorindustrielle Gesellschaft zwischen Veränderung und Auflösung

Band 6: Götz Hagmüller, Wenn das Licht ausgeht in Kathmandu – Grenzgänge zwischen Europa und Asien

Band 7: Irenäus Eibl-Eibesfeldt, Fallgruben der Evolution – Der Mensch zwischen Natur und Kultur

Band 8: Werner Hecht, der Abstieg in den Wohlstand – Harakiri der DDR?

Band 9: Hermann Glaser, Die Kulturstadt und die Zukunft der Industriegesellschaft

Band 10: Edward Shorter, Das Arzt-Patient-Verhältnis in der Geschichte und heute

Band 11: Andreas Rett, Die Geschichte des Kindes als Geschichte der Menschheit

Band 12: Pinchas Lapide, Martin Buber und Heinrich Heine – Zwei Gott-Sucher des Judentums

Die Reihe wird fortgesetzt

PICUS VERLAG